VOYAGES

A PEKING, MANILLE

ET

L'ÎLE DE FRANCE,

FAITS

DANS L'INTERVALLE DES ANNÉES 1784 À 1801;

Par M. DE GUIGNES.

ATLAS.

A PARIS,

DE L'IMPRIMERIE IMPÉRIALE,

M. DCCC. VIII.

LISTE

Des Dessins , Plans et Cartes contenus dans l'Atlas des Voyages de M. DE GUIGNES.

Arc de triomphe à une Lieue et demie avant Peking

Vue des Jardins de l'Empereur à Péking.

L'Empereur prenant un Divertissement sur un Lac Glacé.

Porte de la Ville Tartare à Peking.

Fête donnée devant l'Empereur à Yuen-ming-yuen.

Fête Chinoise qui a lieu en Automne.

Procession en l'honneur des Morts.

Comédie Chinoise

Enceinte extérieure du Palais.

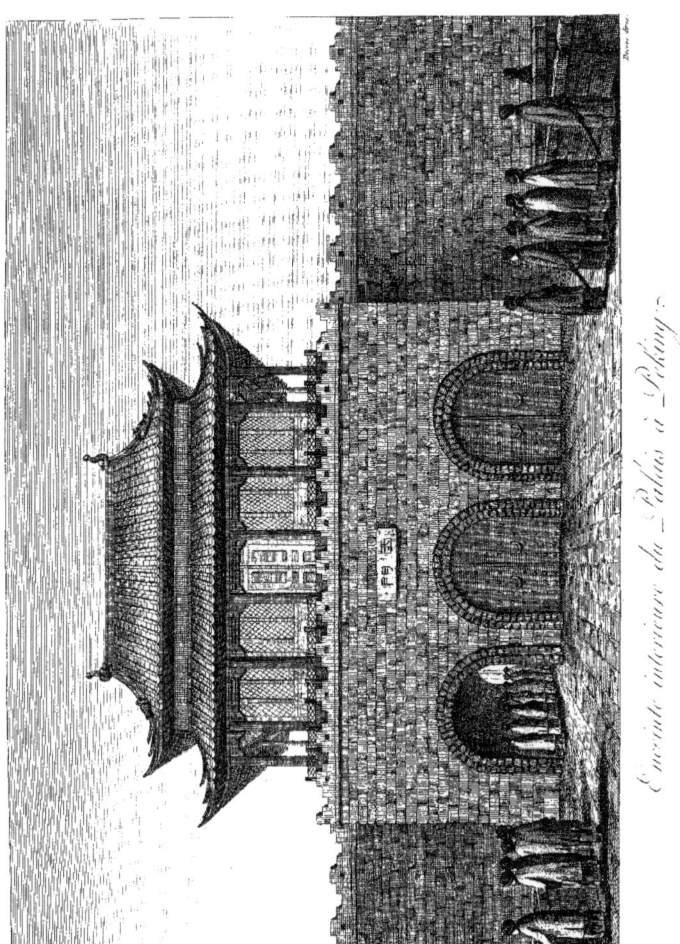

Enceinte intérieure du Palais à Pé-king.

Intérieur de Péking.

Arc de Triomphe à Yangtcheoufou.

Tour de Kao-min-chy.

Pont de Tsin-kiang-fou.

Pont de Sou-tcheou-fou.

Vue du Lac Sy-Hou.

Tour et Bateau.

Manière de Voyager. Tombeau.

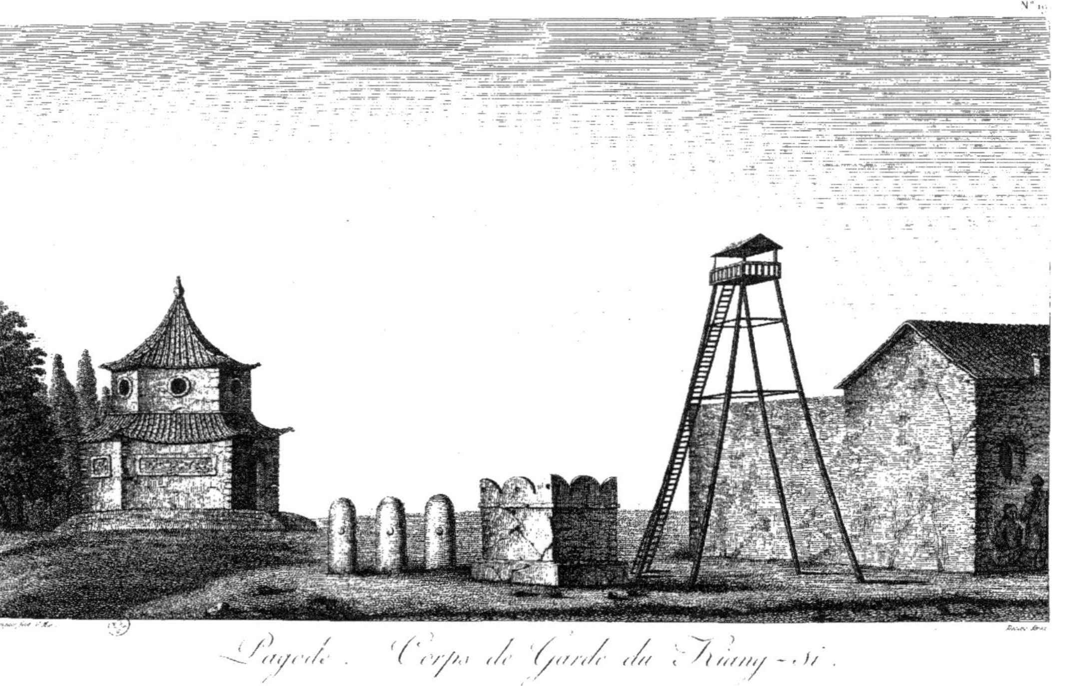

Pagode. Corps de Garde du Kiang-Si.

Costumes Chinois.

Mandarin et Soldats.

Jonques.

Ta-long - Tchouen.

Fête Chinoise qui a lieu dans le Mois de Juillet.

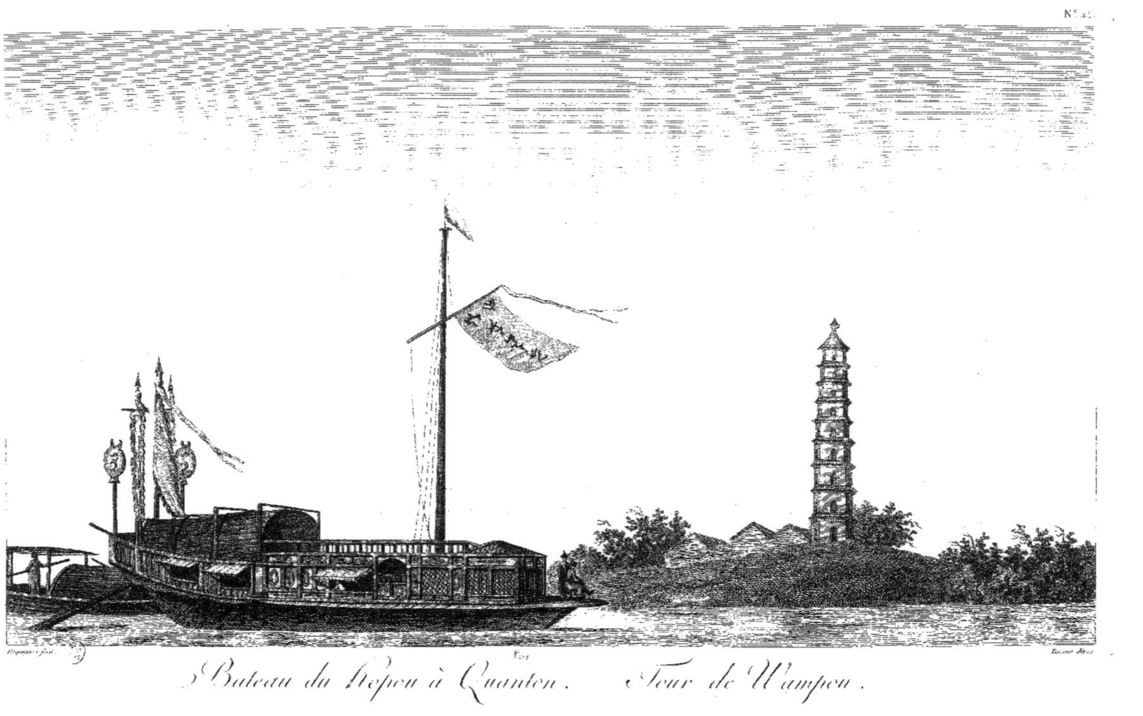

Bateau du Fiepou à Quanton.   Tour de Wampou.

Bateau de Plaisance à Quanton.

Bateaux pour la Mer.

Vue de la Montagne Hey-lin.

Four à Briques. Bateau du Quangtong.

Tombeau. Palanquin Chinois.

Pont.

Porteurs. Costume des femmes du Kiangsy.

Roues pour élever les Eaux.

Bateau de Kiangsi.

Pêcheurs.

Tombeau.

Monument fait en forme de Tortue.

Charette.

Brouette à voile.

Tombeaux.

Corps de Garde du Petcheli.

Voitures de Péking.

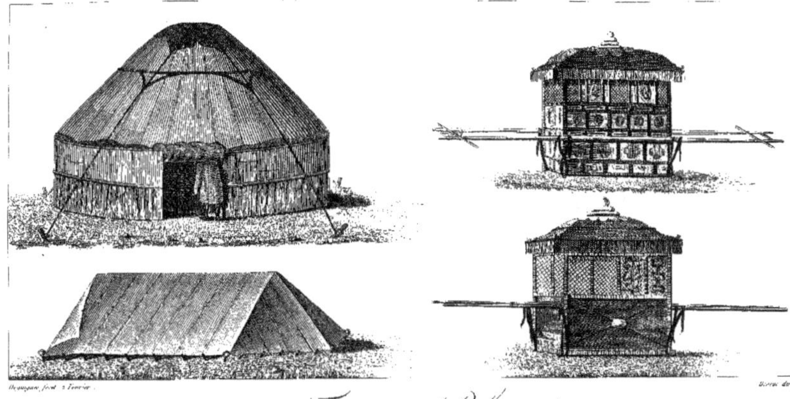

Tentes. Palanquins.

Semoir.

Porte simple de Ville.

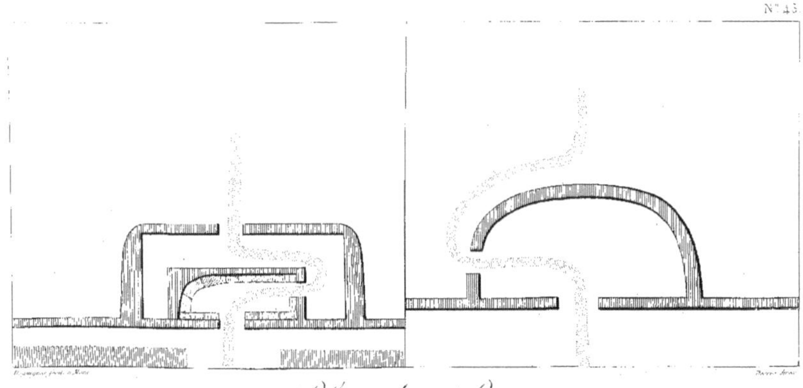

Plan des Portes.

Bateau du Kiangnan.

Écluse.

Costume des femmes du Kiang-nan.

Tour de Yang-Tcheou-fou.

Tigre.

Bateau.

Barques Impériales.

Île de Kinchansse.

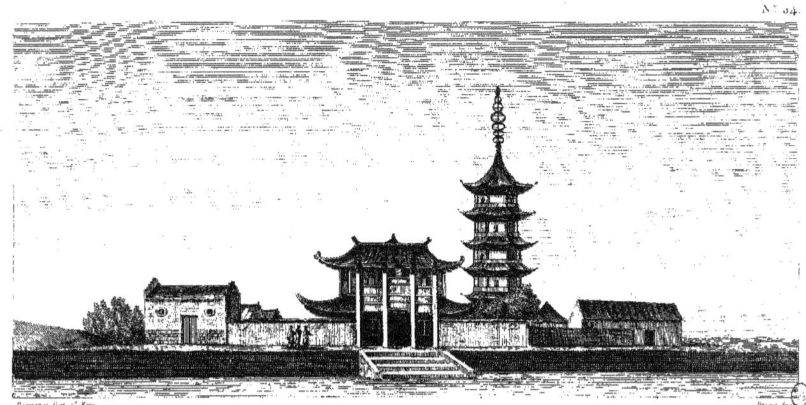

Pagode.

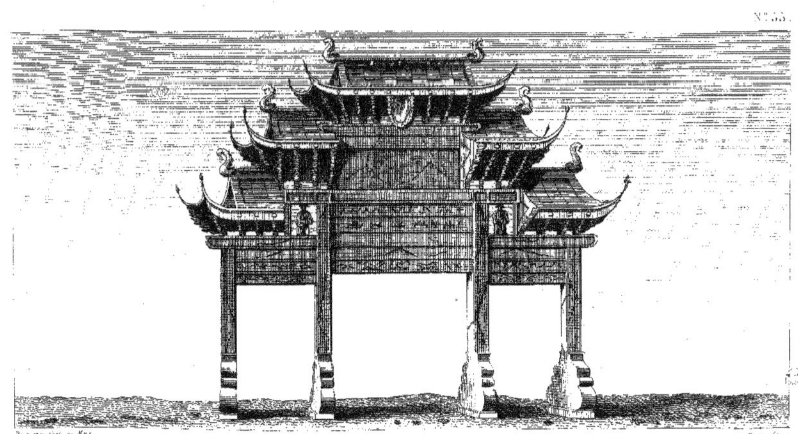

Arc de Triomphe.

Tombeaux.

Muriers et Tombeaux.

Arc de Triomphe.

Bateau du Lac Syhou.

Tombeau.

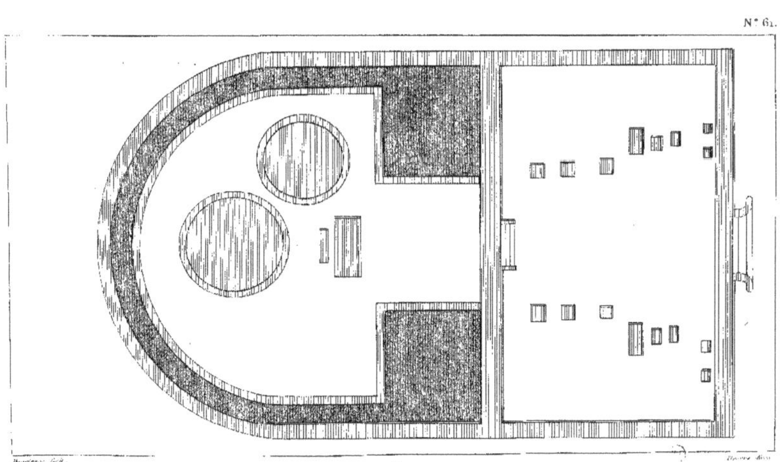

Plan.

Tombeaux.

Tombeau à Macao.

Pont de Fou-yang-hien.

Maisons Chinoises dans la Campagne.

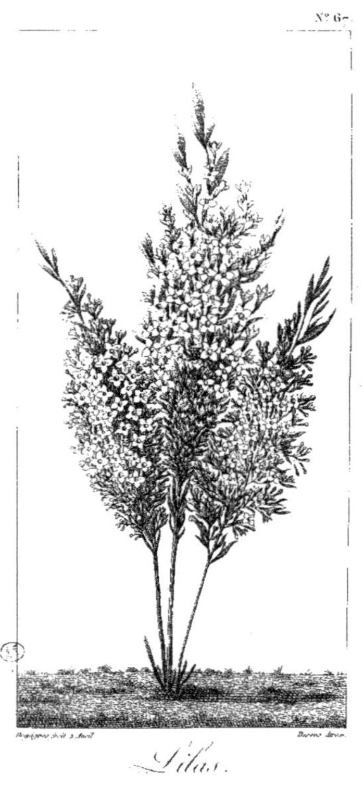

La Navette.

Lilas.

Tour et Tombeau

Moulins

Faucheurs.

Fours à Chaux.

Vase pour bruler les Offrandes.

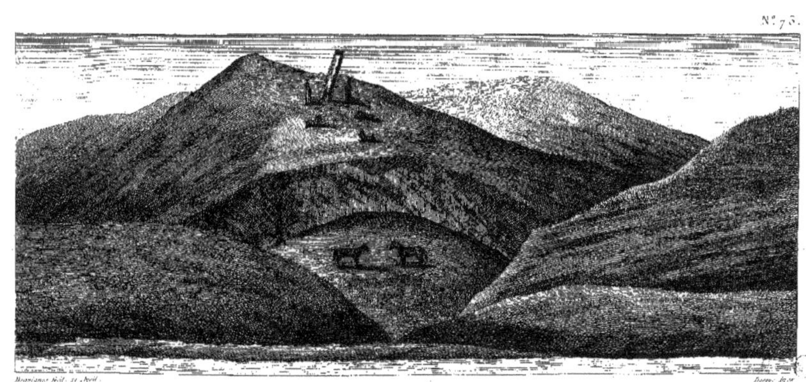

Tombeau.

Graine du Tchatchou.

Fleur du Tchatchou.

Tour de Kantchéoufou.

Montagnes.

Pont.

Montagnes.

Pagode.

Tour.

Corps de Garde du Quang-Tong.

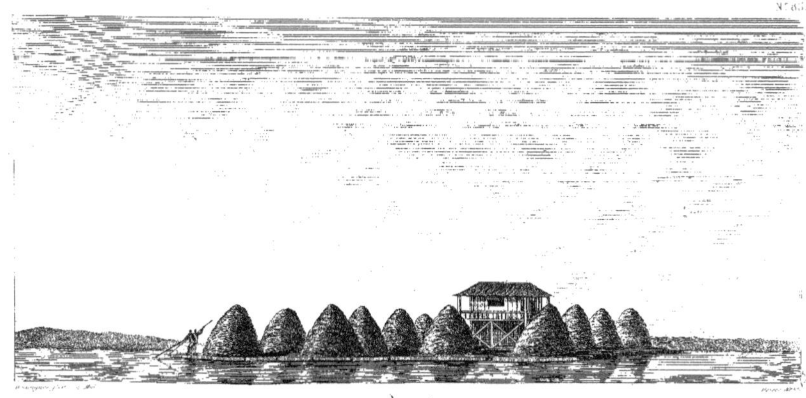

Radeau.

N.° 86.
N.° 87.
Génie du Tonnerre.
Génie du Feu.

Génie de la Musique.

Génie de la Paix.

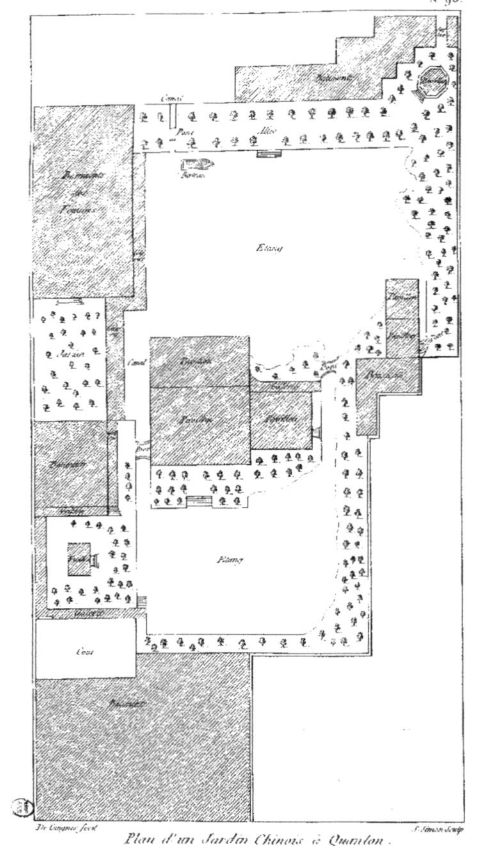

De Guignes fecit

J. Simon Sculp.

Plan d'un Jardin Chinois à Quanton.

De Guignes del.

J. Simon Sculp.

Fête des Morts à Macao.

Manière dont les Chinois notent leurs chansons.
(Notes)

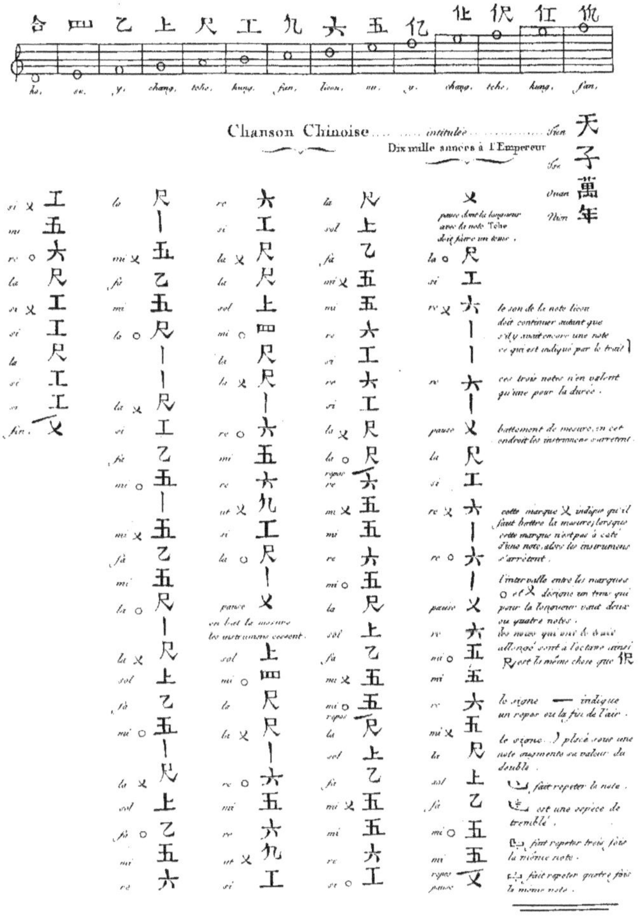

合 四 乙 上 尺 工 凡 六 五 亿 伬 伏 仜 仈

ho. se. y. chang. tche. kung. fan. lieou. ou. u. chang. tche. kung. fan.

Chanson Chinoise .... intitulée .... Tsien
Dix mille années à l'Empereur

天子萬年

Tien — Tseu — Ouan — Nien

pause dont la longueur avec la note Tche doit faire un temps.

le son de la note lieou doit continuer autant que s'il y avait encore une note ce qui est indiqué par le trait ⌐

ces trois notes n'en valent qu'une pour la durée.

battement de mesure, en cet endroit les instrumens s'arrêtent.

cette marque X indique qu'il faut battre la mesure; lorsque cette marque n'est pas à côté d'une note, alors les instrumens s'arrêtent.

l'intervalle entre les marques O et X désigne un tems qui pour la longueur vaut deux ou quatre notes. les notes qui vont de ♭ aigu allongé sont à l'octave ainsi ⅁ est la même chose que 伬

le signe ⎯ indique un repos ou la fin de l'air.

le signe) placé sous une note augmente sa valeur du double.

⌣ fait repeter la note.

⌣ est une espèce de tremblé.

⌣ fait repeter trois fois la même note.

⌣ fait repeter quatre fois la même note.

Dessiné par M. Guignes. — Gravé par ... Miller attaché au Dépôt de la Guerre.

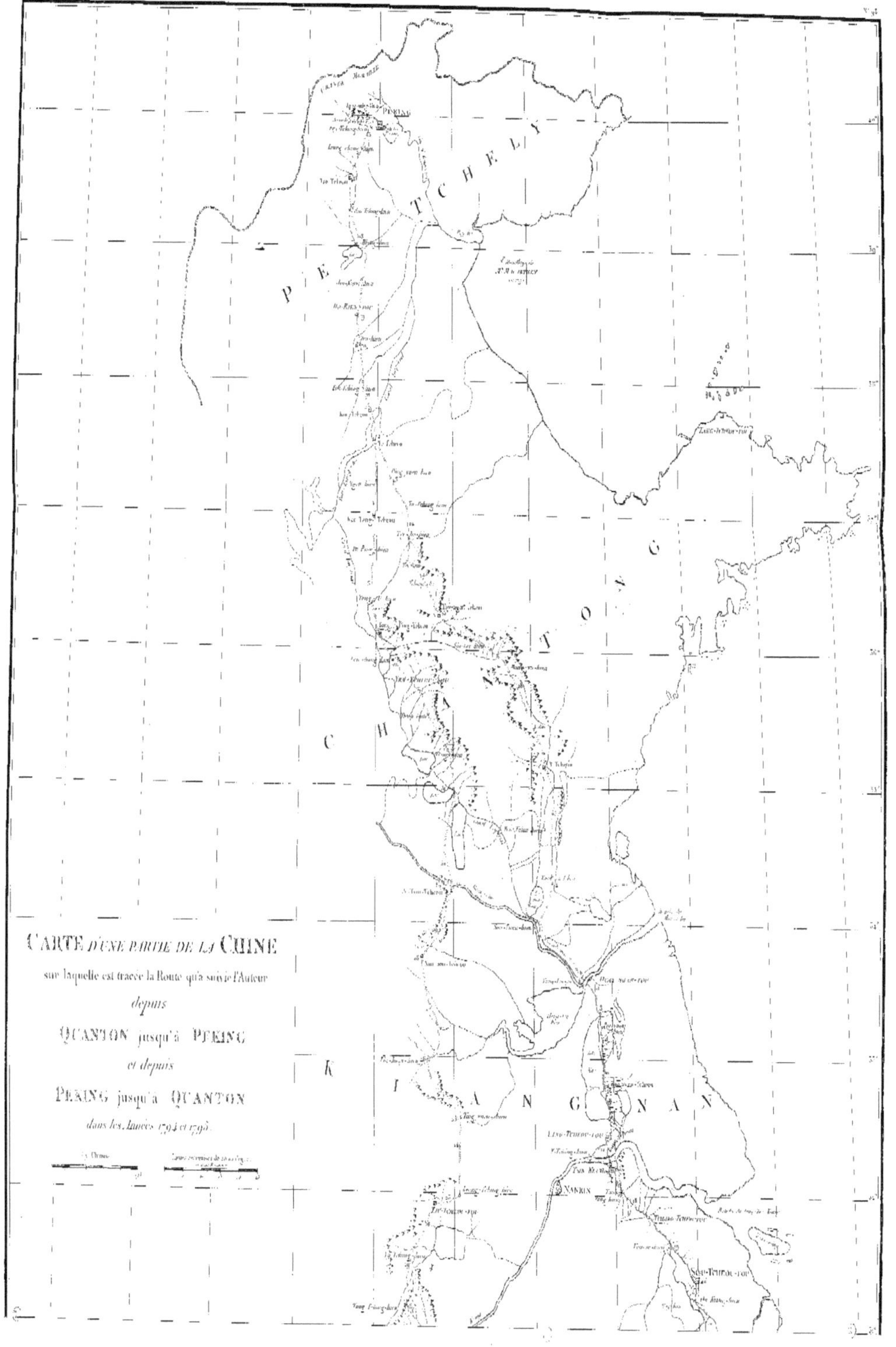

CARTE D'UNE PARTIE DE LA CHINE
sur laquelle est tracée la Route qu'a suivie l'Auteur
depuis
QUANTON jusqu'à PEKING
et depuis
PEKING jusqu'à QUANTON
dans les Années 1794 et 1795.
PE-TCHE-LY
CHAN-TONG
KIANG-NAN
PEKING
NANKIN

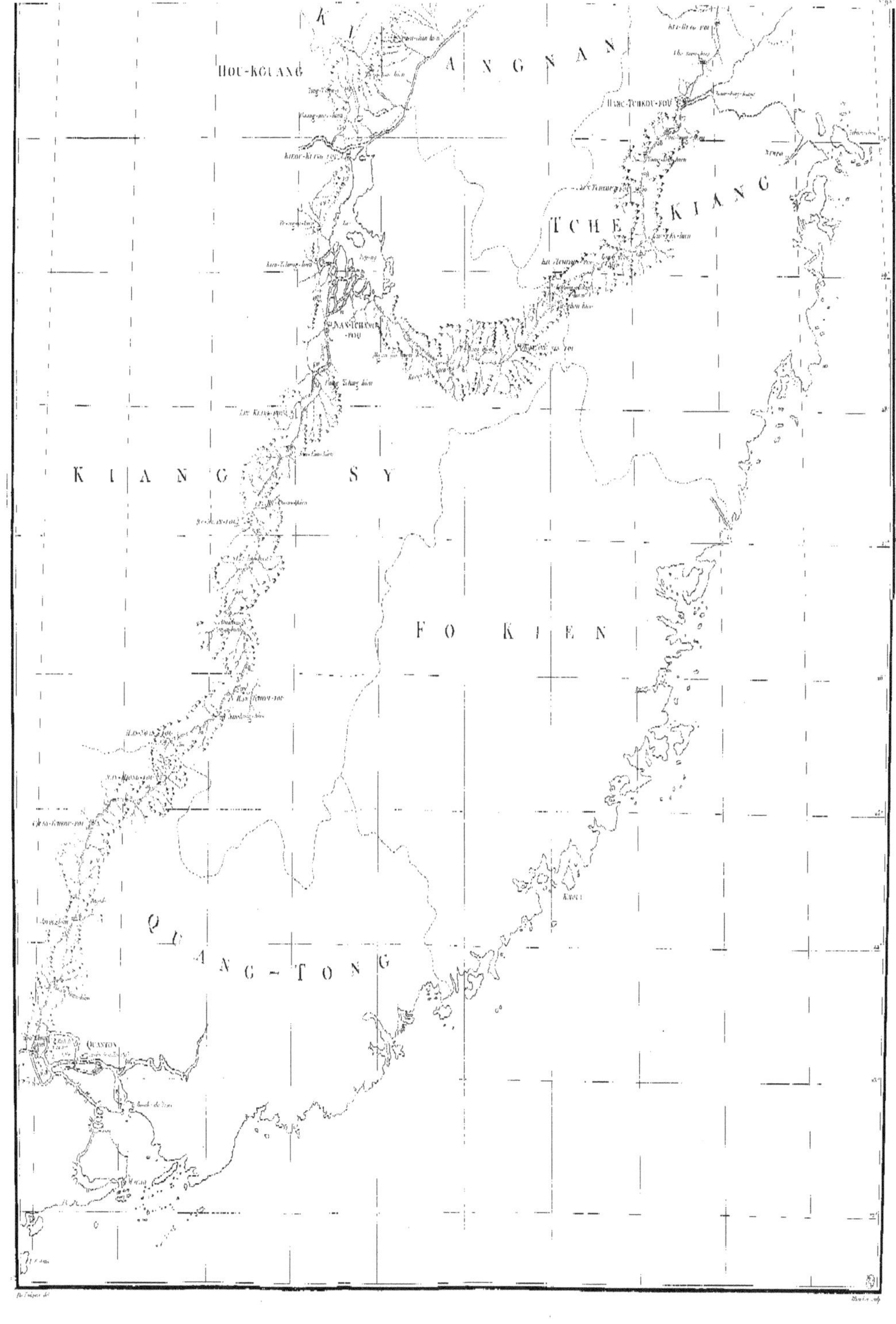
HOU-KOUANG
KIANGNAN
TCHE-KIANG
HANG-TCHEOU-FOU
NAN-TCHANG-FOU
KIANG SY
FO-KIEN
QUANG-TONG
QUANTON

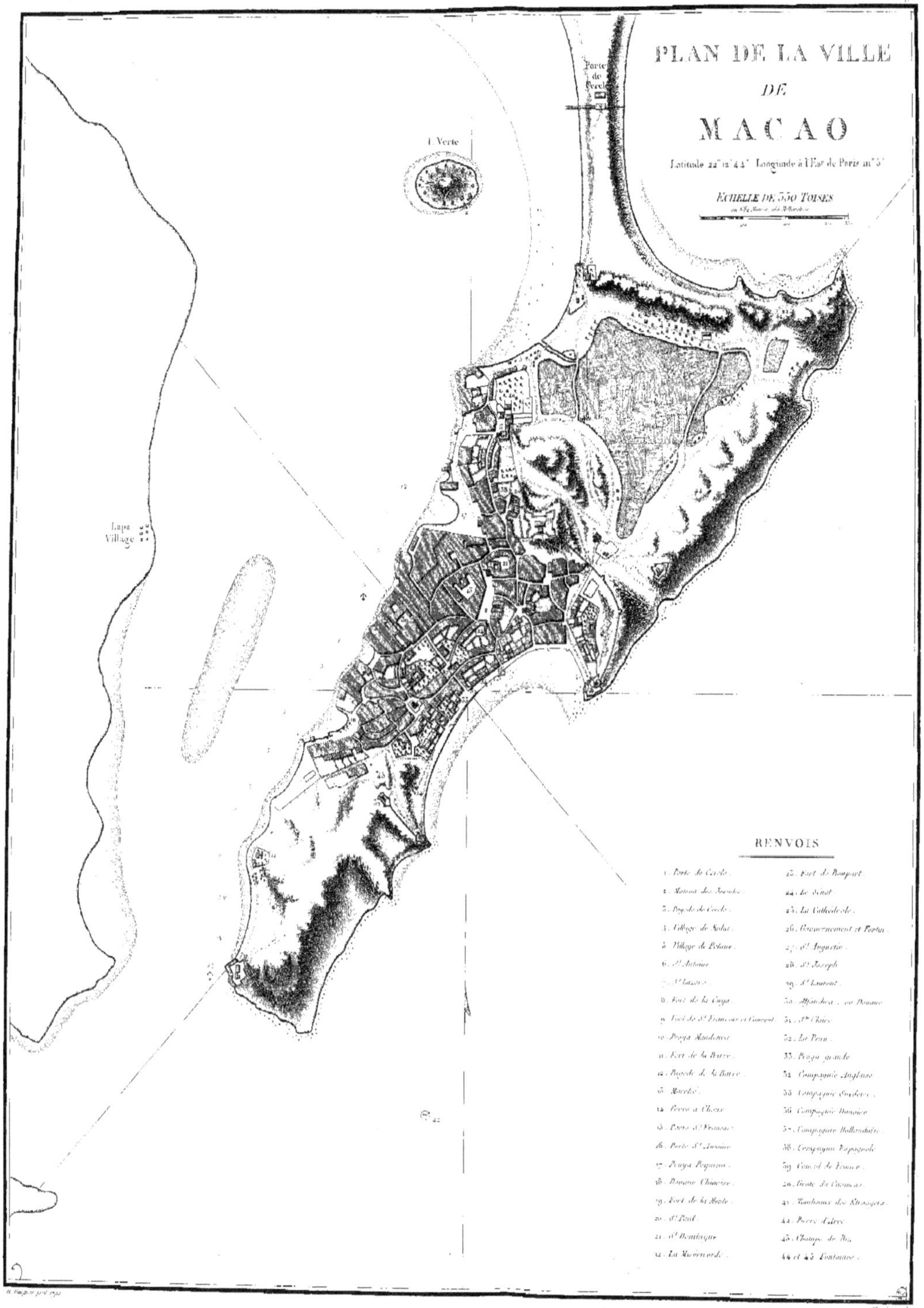

PLAN DE LA VILLE
DE
MACAO
Latitude 22° 12' 44" Longitude à l'Est de Paris 111° 5'
ÉCHELLE DE 550 TOISES
I Verte
Porte do Cerco
Lapa Village
RENVOIS
1. Porte do Cerco
2. Maison des Jésuites
3. Pagode do Cerco
4. Village de Salat
5. Village de Pétane
6. St Antoine
7. St Lazare
8. Fort de la Guya
9. Fort de St François et Couvent
10. Praya Mandarine
11. Fort de la Barre
12. Pagode de la Barre
13. Marché
14. Porte à Chaux
15. Porte St François
16. Porte St Antoine
17. Praya Requena
18. Douane Chinoise
19. Fort de la Route
20. St Paul
21. St Dominique
22. La Miséricorde
23. Fort de Rempart
24. Le Sénat
25. La Cathédrale
26. Gouvernement et Fortin
27. St Augustin
28. St Joseph
29. St Laurent
30. Alfandega, ou Douane
31. Ste Claire
32. La Penn
33. Praya grande
34. Compagnie Anglaise
35. Compagnie Suédoise
36. Compagnie Danoise
37. Compagnie Hollandaise
38. Compagnie Espagnole
39. Consul de France
40. Grotte de Camoens
41. Tombeaux des Étrangers
42. Pierre d'Arce
43. Champ de Riz
44 et 45. Fontaines

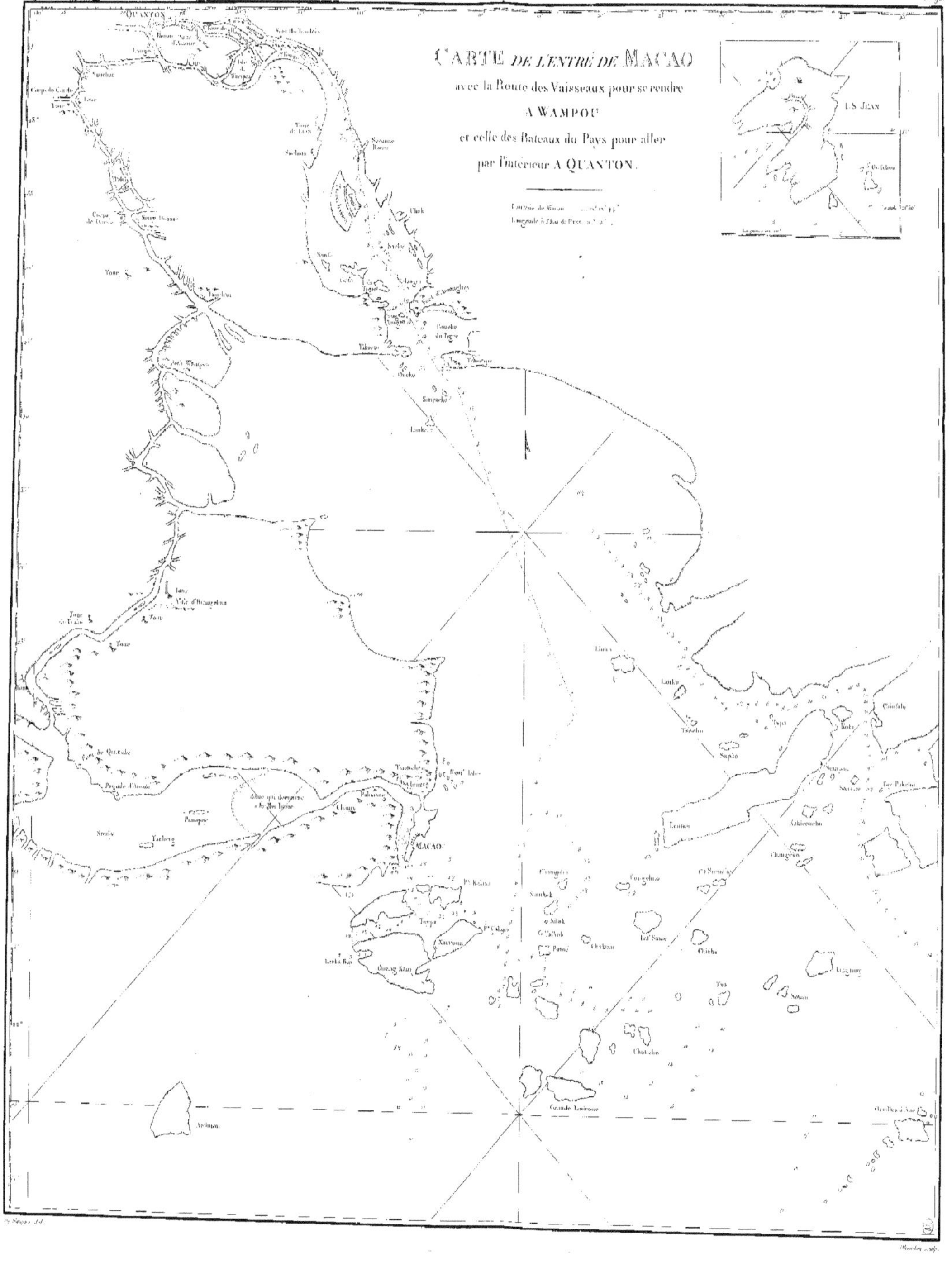

N.º 95.
CARTE DE L'ENTRÉ DE MACAO
avec la Route des Vaisseaux pour se rendre
A WAMPOU
et celle des Bateaux du Pays pour aller
par l'intérieur A QUANTON.
I.S JEAN
QUANTON
MACAO

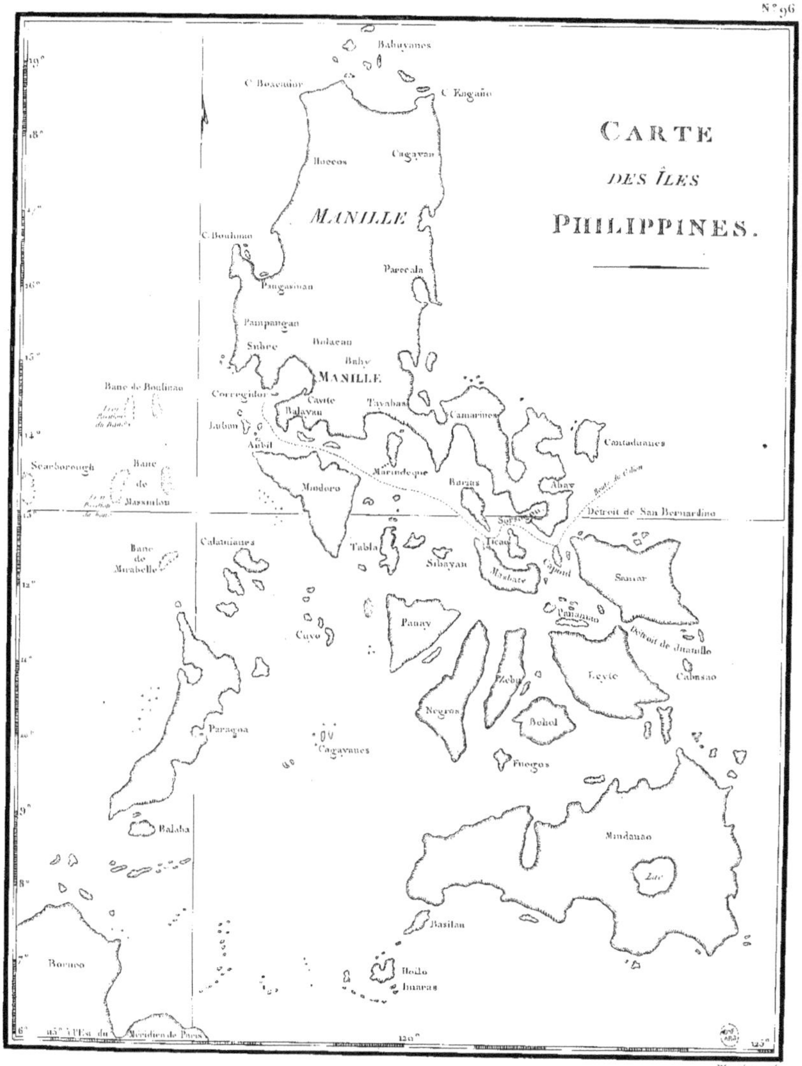

CARTE
DES ÎLES
PHILIPPINES.
Babuyanes
C. Boxeador
C. Engaño
Ilocos
Cagayan
MANILLE
C. Boulinao
Parecala
Pangasinan
Pampangan
Bolacan
Suhre
Bahe
MANILLE
Corregidor
Cavite
Tayabas
Camarines
Balayan
Lubon
Ambil
Marinduque
Barias
Mindoro
Bane de Boulinao
Iles et
Position
du Bane
Contadaanes
Abay
Route de Cebu
Détroit de San Bernardino
Scarborough
Bane de Massinlou
Bane de Massinlou
Tabla
Sorsogon
Ticao
Capul
Samar
Calamianes
Bane de Mirabelle
Sibuyan
Masbate
Pamanlao
Détroit de Juanillo
Cuyo
Panay
Zebu
Leyte
Cabosao
Paragoa
Negros
Bohol
Cagayanes
Fuegos
Balaba
Mindanao
Lac
Basilan
Borneo
Iloilo
Imaras
115° à l'Est du Méridien de Paris
130°
Plondes sculp.

Morro de Aria
Malabon
Tondo
MANILLE
Pte Sanpaulo
Cavite
Cavite le Vieux
Mirabelle
Pte Gorda
Pte Tagale
Puercos
Corregidur
Monja
Pulo Cavalo
Banc de St Nicolas
Fraila
Salanan
Lambones
Pte Calepan
Pte Lambones
BAIE
DE MANILLE
par
M. DE MALESPINA.

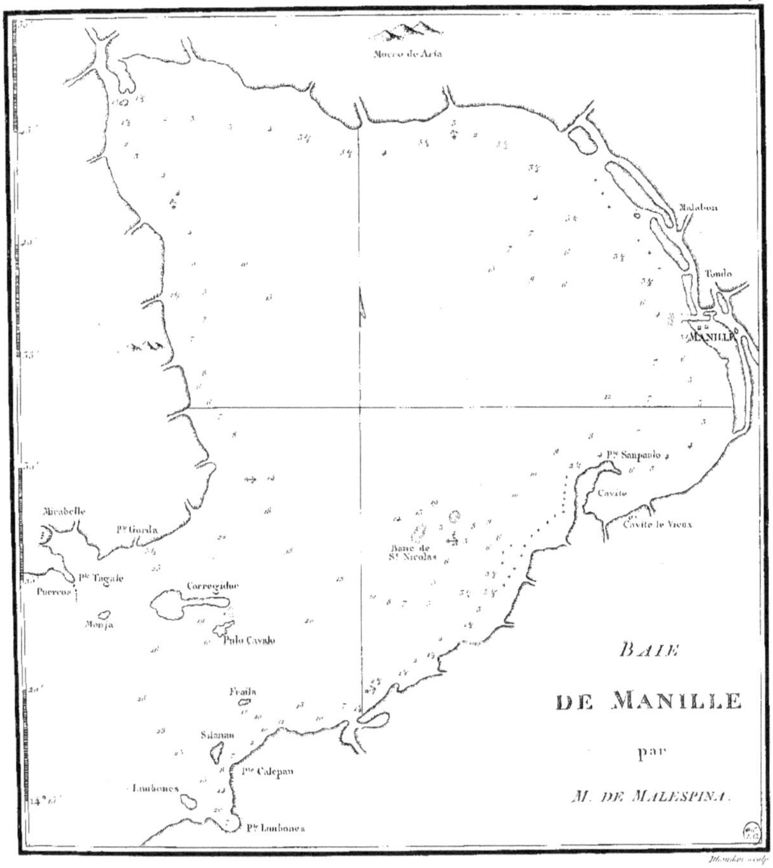